AF188191

Impressum
Verlag: BABADADA GmbH, Nedderfeld 112 , 22529 Hamburg
Geschäftsführer / Verlagsleitung: Harald Hof
Druck: Books on Demand GmbH, In de Tarpen 42, 22848 Norderstedt

Imprint
Publisher: BABADADA GmbH, Nedderfeld 112 , 22529 Hamburg, Germany
Managing Director / Publishing direction: Harald Hof
Print: Books on Demand GmbH, In de Tarpen 42, 22848 Norderstedt, Germany

school
Šola

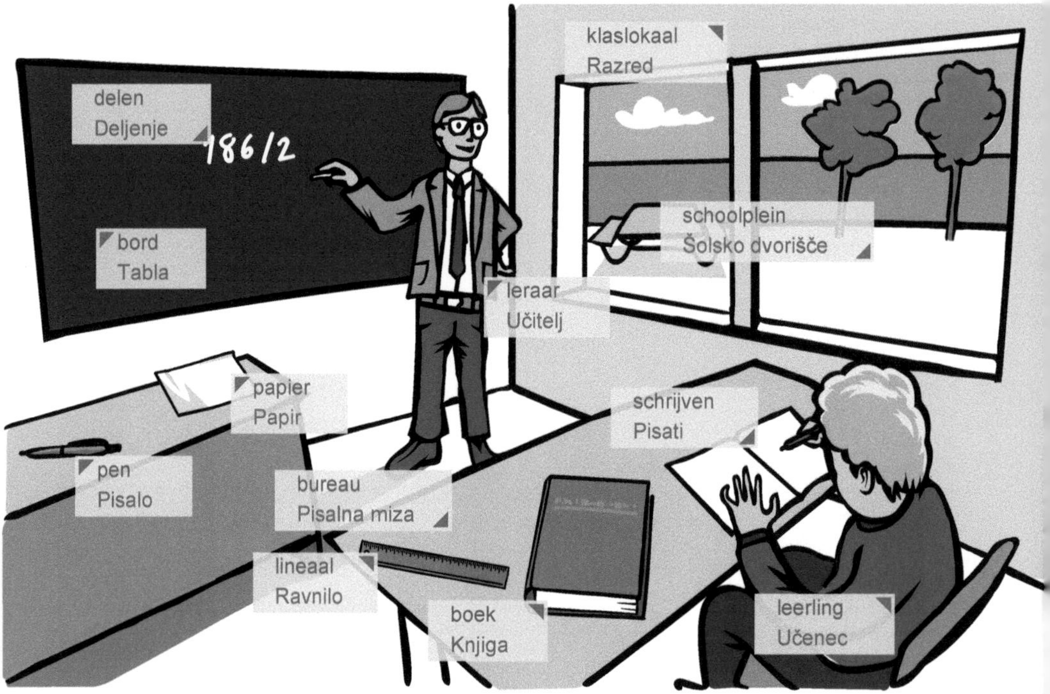
klaslokaal
Razred
delen
Deljenje
186/2
bord
Tabla
schoolplein
Šolsko dvorišče
leraar
Učitelj
papier
Papir
schrijven
Pisati
pen
Pisalo
bureau
Pisalna miza
lineaal
Ravnilo
boek
Knjiga
leerling
Učenec

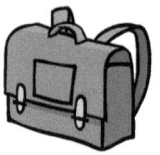

schooltas

Šolska torba

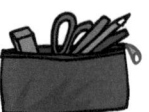

etui

Peresnica

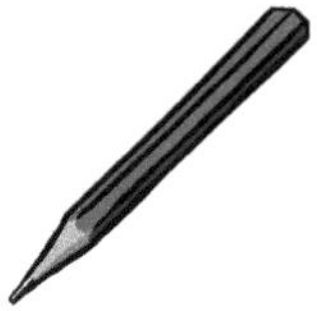

potlood

Svinčnik

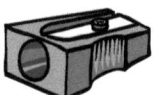

puntenslijper

Šilček

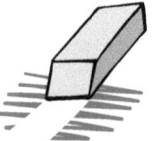

gum

Radirka

schetsblok

Risalni blok

tekening

Risba

penseel

Čopič

verfdoos

Vodene barvice

schaar

Škarje

lijm

Lepilo

schrift

Zvezek

huiswerk

Domača naloga

12

getal

Število

2+2

optellen

Seštevanje

5-2

aftrekken

Odštevanje

2✕2

vermenigvuldigen

Množenje

rekenen

Računanje

letter

Črka

ABCDEFG
HIJKLMN
OPQRSTU
VWXYZ

alfabet

Abeceda

woord

Beseda

tekst
Besedilo

lezen
Brati

krijt
Kreda

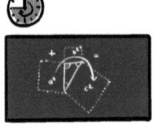

les
Učna ura

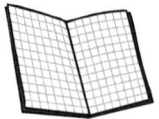

klassenboek
Redovalnica

examen
Preizkus znanja

diploma
Spričevalo

schooluniform
Šolska uniforma

opleiding
Izobrazba

encyclopedie
Enciklopedija

universiteit
Univerza

microscoop
Mikroskop

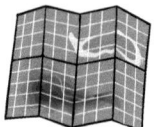

kaart
Zemljevid

prullenmand
Koš za smeti

reis
Potovanje

hotel
Hotel
Grand
hostel
Hostel
ROOMS
EXCHANGE
wisselkantoor
Menjalnica
koffer
Kovček
auto
Avtomobil

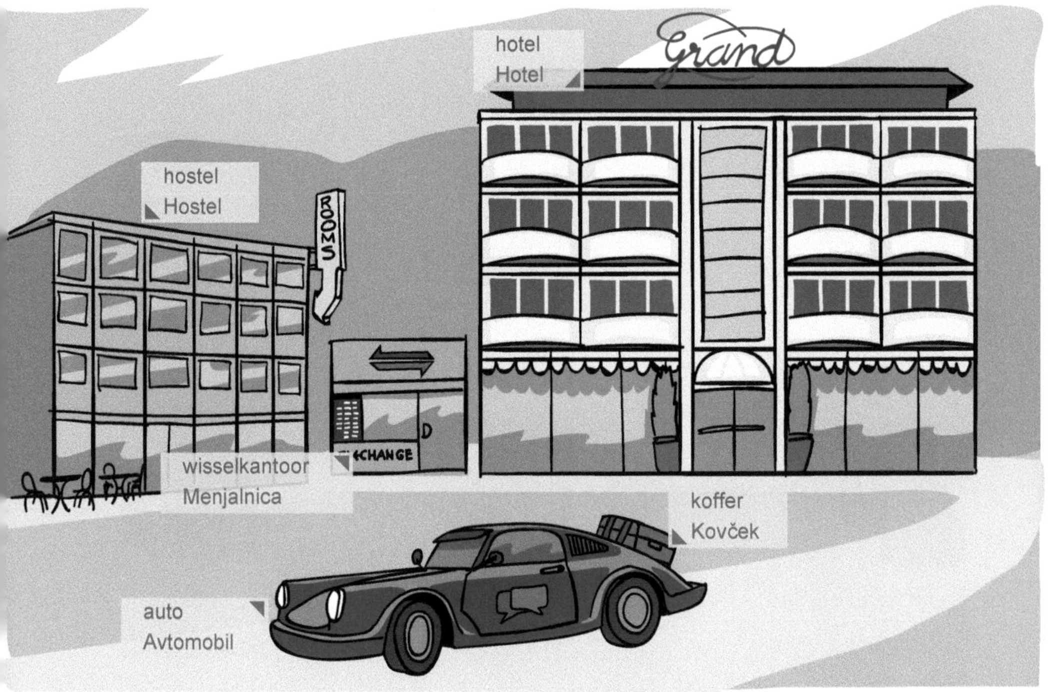

taal
Jezik

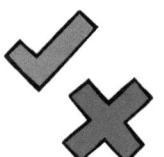

ja / nee
da / ne

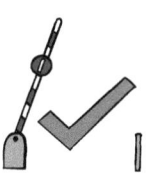

oké
Prav

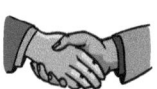

Hallo!
Pozdravljeni

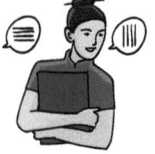

tolk
Prevajalec

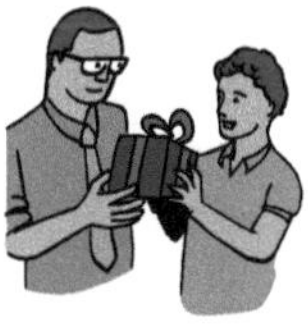

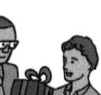

Bedankt.
Hvala

Wat kost ...?

Koliko stane...?

Ik begrijp het niet.

Ne razumem

probleem

Težava

Goedenavond!

Dober večer!

Goedemorgen!

Dobro jutro!

Goedenacht!

Lahko noč!

Tot ziens!

Nasvidenje

richting

Smer

bagage

Prtljaga

tas

Torba

rugzak

Nahrbtnik

gast

Gost

kamer

Soba

slaapzak

Spalna vreča

tent

Šotor

VVV-kantoor

Turistične informacije

strand

Plaža

creditkaart

Kreditna kartica

ontbijt

Zajtrk

lunch

Kosilo

diner

Večerja

kaartje

Vozovnica

lift

Dvigalo

postzegel

Znamka

grens

Meja

douane

Carina

ambassade

Veleposlaništvo

visum

Vizum

paspoort

Potni list

transport
Prevoz

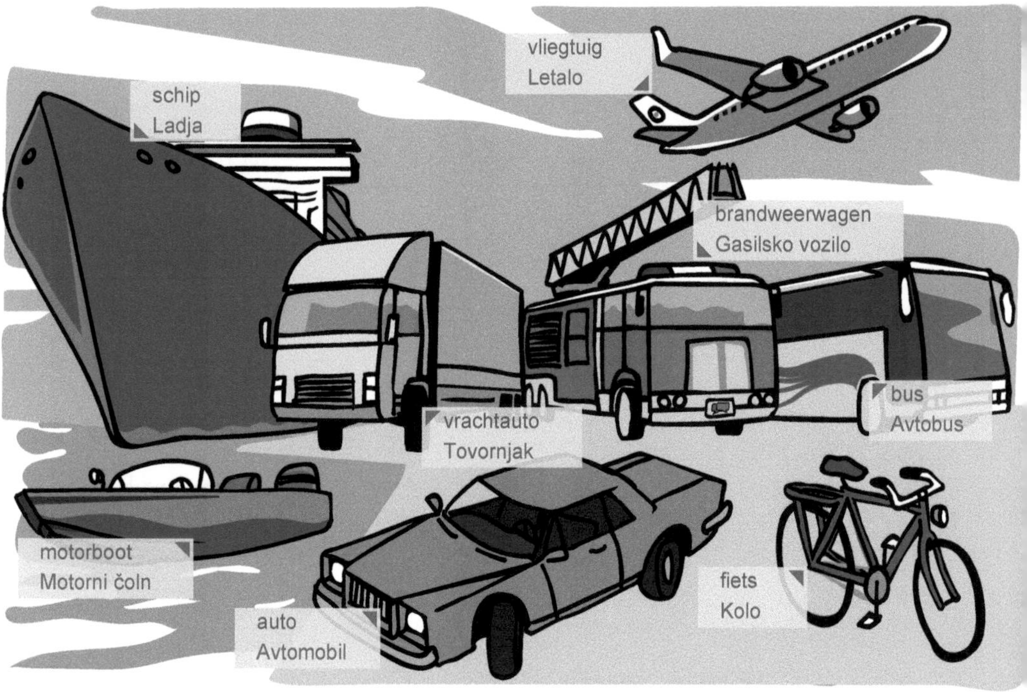
vliegtuig
Letalo
schip
Ladja
brandweerwagen
Gasilsko vozilo
bus
Avtobus
vrachtauto
Tovornjak
motorboot
Motorni čoln
fiets
Kolo
auto
Avtomobil

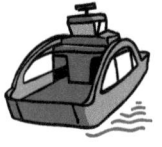

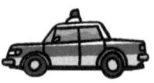

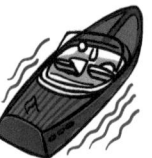

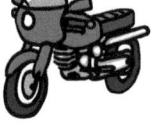

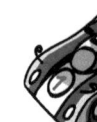

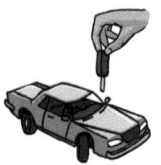

veerboot

Trajekt

boot

Čoln

motorfiets

Motorno kolo

politiewagen

Policijski avto

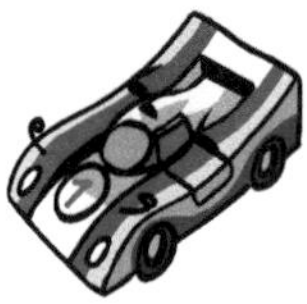

raceauto

Dirkalni avto

huurauto

Najeto vozilo

carsharing

Souporaba avtomobila

takelwagen

Avtovleka

vuilniswagen

Smetarsko vozilo

motor

Motor

benzine

Gorivo

benzinepomp

Bencinska postaja

verkeersbord

Prometni znak

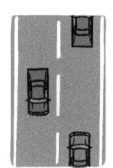

verkeer

Promet

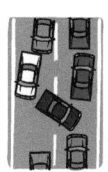

file

Zastoj

parkeerplaats

Parkirišče

station

Železniška postaja

rails

Tirnice

trein

Vlak

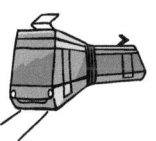

tram

Tramvaj

wagon

Vagon

helikopter

Helikopter

luchthaven

Letališče

toren

Stolp

passagier

Potnik

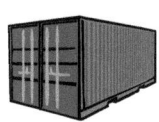

container

Kontejner

verhuisdoos

Karton

kar

Voziček

mand

Košara

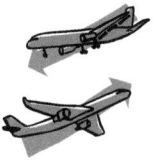

opstijgen / landen

vzleteti / pristati

stad

Mesto

dorp

Vas

stadscentrum

Mestno jedro

huis

Hiša

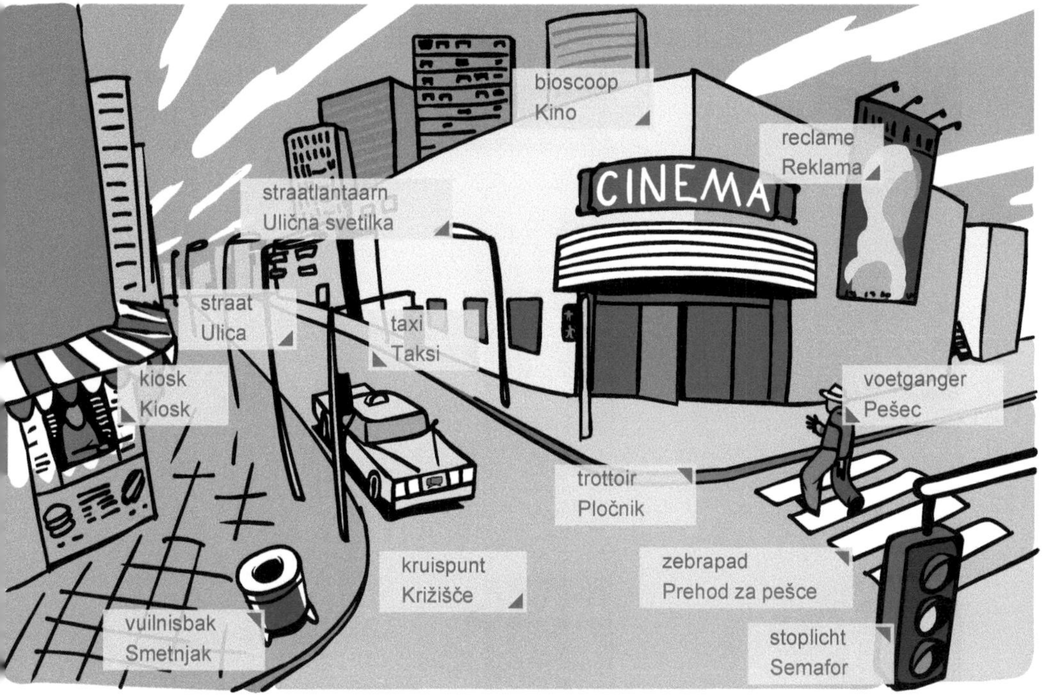
bioscoop
Kino
reclame
Reklama
CINEMA
straatlantaarn
Ulična svetilka
straat
Ulica
taxi
Taksi
kiosk
Kiosk
voetganger
Pešec
trottoir
Pločnik
kruispunt
Križišče
zebrapad
Prehod za pešce
vuilnisbak
Smetnjak
stoplicht
Semafor

hut

Koča

appartement

Stanovanje

station

Železniška postaja

stadhuis

Mestna hiša

MUSEUM

museum

Muzej

school

Šola

universiteit

Univerza

bank

Banka

ziekenhuis

Bolnišnica

hotel

Hotel

apotheek

Lekarna

kantoor

Pisarna

boekenwinkel

Knjigarna

winkel

Trgovina

bloemenwinkel

Cvetličarna

supermarkt

Supermarket

markt

Tržnica

warenhuis

Veleblagovnica

visboer

Ribarnica

winkelcentrum

Nakupovalno središče

haven

Pristanišče

stad - Mesto

park Park	bank Klop	brug Most

trap Stopnice	metro Podzemna železnica	tunnel Predor

bushalte Avtobusno postajališče	bar Bar	restaurant Restavracija

brievenbus Poštni nabiralnik	straatnaambord Ulična tabla	parkeermeter Parkirna ura

dierentuin Živalski vrt	zwembad Kopališče	moskee Mošeja

boerderij
Kmetija

vervuiling
Onesnaževanje

begraafplaats
Pokopališče

kerk
Cerkev

speelplaats
Otroško igrišče

tempel
Tempelj

landschap
Pokrajina

blad
List

wegwijzer
Kažipot

weg
Pot

weide
Travnik

steen
Kamen

wandelaar
Pohodnik

boom
Drevo

rivier
Reka

gras
Trava

bloem
Cvetlica

vallei
Dolina

berg
Hrib

meer
Jezero

bos
Gozd

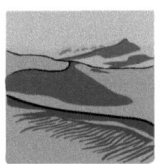

woestijn
Puščava

vulkaan
Vulkan

kasteel
Grad

regenboog
Mavrica

paddenstoel
Goba

palmboom
Palma

mug
Komar

vlieg
Muha

mier
Mravlja

bij
Čebela

spin
Pajek

kever

Hrošč

kikker

Žaba

eekhoorn

Veverica

egel

Jež

haas

Zajec

uil

Sova

vogel

Ptič

zwaan

Labod

wild zwijn

Divji prašič

hert

Jelen

eland

Los

stuwdam

Jez

windmolen

Vetrnica

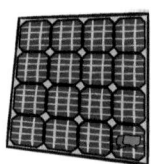

zonnepaneel

Solarna plošča

klimaat

Podnebje

ober
Natakar

menu
Jedilnik

stoel
Stol

soep
Juha

pizza
Pica

tafelkleed
Prt

bestek
Pribor

voorgerecht
Predjed

hoofdgerecht
Glavna jed

toetje
Sladica

dranken
Pijače

eten
Hrana

fles
Steklenica

fastfood

Hitra hrana

eetkraampje

Ulična hrana

theepot

Čajnik

suikerpot

Sladkornica

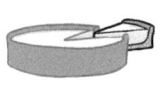

portie

Porcija

espressomachine

Aparat za espresso

kinderstoel

Stolček za hranjenje

rekening

Račun

dienblad

Pladenj

mes

Nož

vork

Vilica

lepel

Žlica

theelepel

Čajna žlička

servet

Servieta

glas

Kozarec

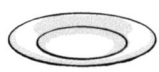

bord
Krožnik

soepbord
Globoki krožnik

schotel
Krožniček

saus
Omaka

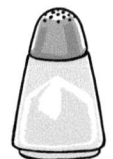

zoutvaatje
Solnica

pepermolen
Mlinček za poper

azijn
Kis

olie
Olje

kruiden
Začimbe

ketchup
Kečap

mosterd
Gorčica

mayonaise
Majoneza

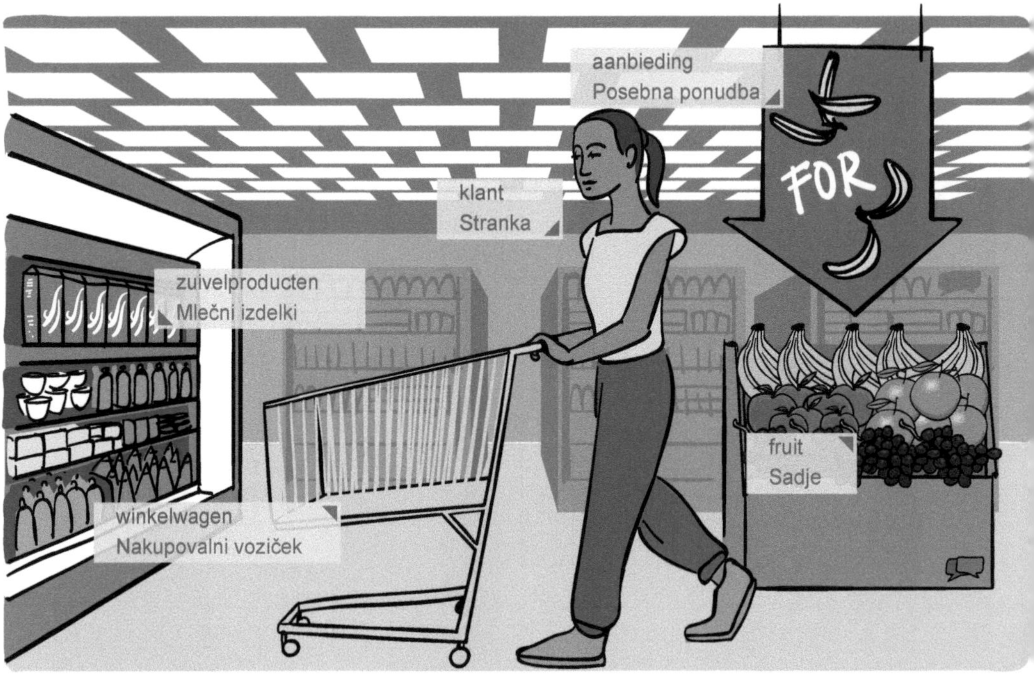

aanbieding
Posebna ponudba

klant
Stranka

zuivelproducten
Mlečni izdelki

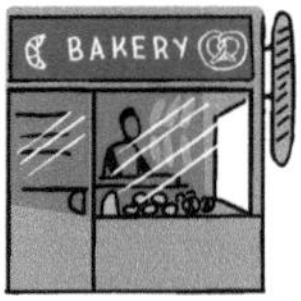

fruit
Sadje

winkelwagen
Nakupovalni voziček

slager	bakkerij	wegen
Mesnica	Pekarna	Tehtati
	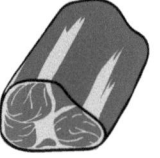	
groente	vlees	diepvriesproducten
Zelenjava	Meso	Zamrznjena hrana

vleeswaren

Hladne mesnine

conserven

Konzerve

wasmiddel

Pralni prašek

snoepgoed

Sladkarije

huishoudelijke artikelen

Gospodinjski izdelki

schoonmaakmiddel

Čistilno sredstvo

verkoopster

Prodajalka

kassa

Blagajna

kassier

Blagajnik

boodschappenlijstje

Nakupovalni seznam

openingstijden

Delovni čas

portefeuille

Denarnica

creditkaart

Kreditna kartica

tas

Torba

plastic zak

Plastična vrečka

water
Voda

sap
Sok

melk
Mleko

cola
Kola

wijn
Vino

bier
Pivo

alcohol
Alkohol

chocolademelk
Kakav

thee
Čaj

koffie
Kava

espresso
Espresso

cappuccino
Kapučino

banaan

Banana

appel

Jabolko

sinaasappel

Pomaranča

watermeloen

Lubenica

citroen

Limona

wortel

Korenje

knoflook

Česen

bamboe

Bambus

ui

Čebula

paddenstoel

Goba

noten

Oreščki

pasta

Rezanci

spaghetti

Špageti

rijst

Riž

salade

Solata

friet

Ocvrt krompirček

gebakken aardappelen

Pečen krompir

pizza

Pica

hamburger

Hamburger

sandwich

Sendvič

schnitzel

Zrezek

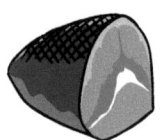

ham

Šunka

salami

Salama

worst

Klobasa

kip

Piščanec

gebraad

Pečenka

vis

Riba

havermout

Ovseni kosmiči

muesli

Musli

cornflakes

Koruzni kosmiči

meel

Moka

croissant

Rogljiček

broodjes

Žemlja

brood

Kruh

toast

Prepečenec

koekjes

Piškoti

boter

Maslo

kwark

Skuta

taart

Torta

ei

Jajce

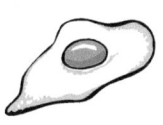

gebakken ei

Pečeno jajce na oko

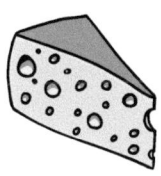

kaas

Sir

ijs

Sladoled

suiker

Sladkor

honing

Med

jam

Marmelada

chocoladepasta

Čokoladni namaz

kerrie

Kari

boerderij
Kmetija

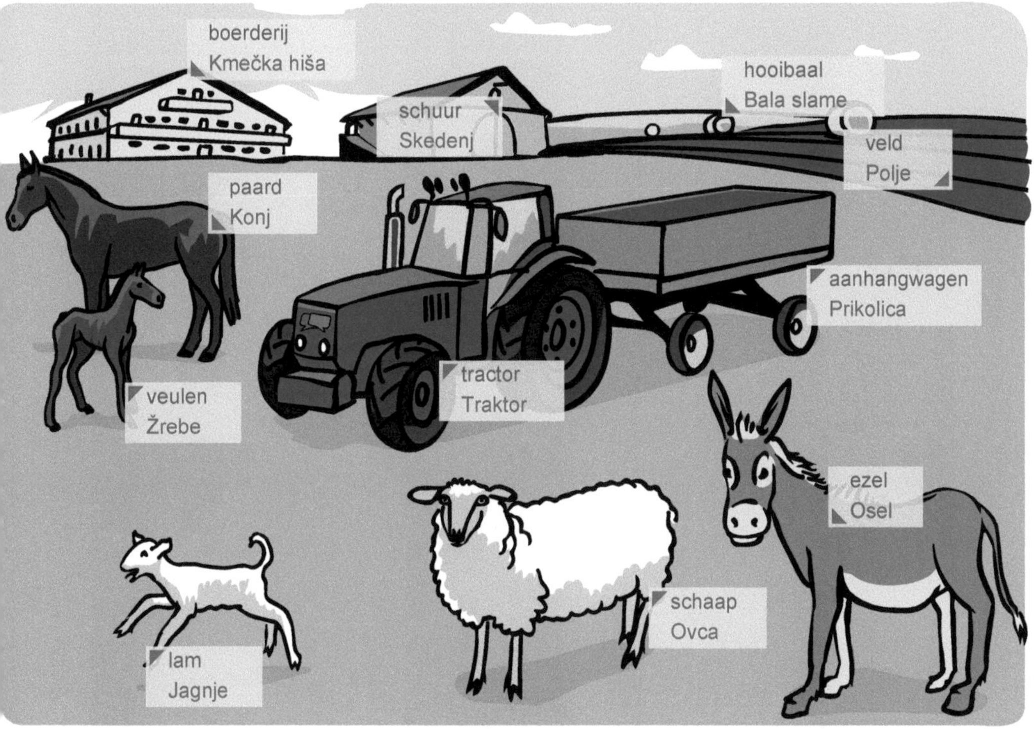
boerderij
Kmečka hiša
schuur
Skedenj
hooibaal
Bala slame
veld
Polje
paard
Konj
aanhangwagen
Prikolica
tractor
Traktor
veulen
Žrebe
ezel
Osel
schaap
Ovca
lam
Jagnje

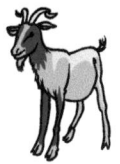

geit

Koza

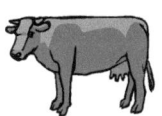

koe

Krava

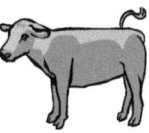

kalf

Tele

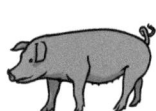

varken

Prašič

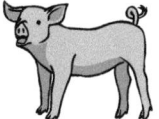

big

Pujsek

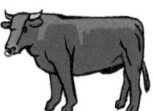

stier

Bik

gans

Gos

eend

Raca

kuiken

Piščanec

kip

Kokoš

haan

Petelin

rat

Podgana

kat

Mačka

muis

Miš

os

Vol

hond

Pes

hondenhok

Pasja uta

tuinslang

Cev za zalivanje

gieter

Kangla za zalivanje

zeis

Kosa

ploeg

Plug

sikkel

Srp

schoffel

Motika

hooivork

Vile

bijl

Sekira

kruiwagen

Samokolnica

trog

Korito

melkbus

Kangla za mleko

zak

Vreča

hek

Ograja

stal

Hlev

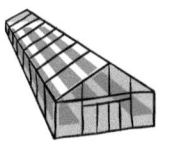

broeikas

Rastlinjak

grond

Prst

zaad

Seme

mest

Gnojilo

maaidorser

Kombajn

oogsten

Žeti

oogst

Žetev

yam

Jam

tarwe

Pšenica

soja

Soja

aardappel

Krompir

maïs

Koruza

koolzaad

Oljna ogrščica

fruitboom

Sadno drevo

maniok

Maniok

granen

Žito

huis
Hiša

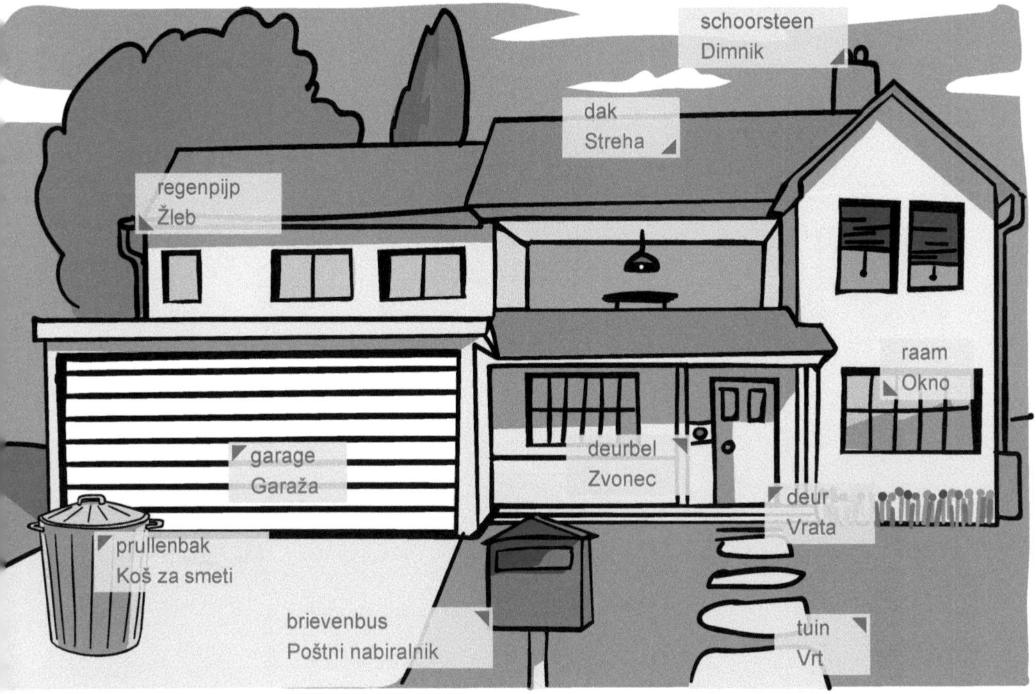

schoorsteen
Dimnik
dak
Streha
regenpijp
Žleb
raam
Okno
garage
Garaža
deurbel
Zvonec
deur
Vrata
prullenbak
Koš za smeti
brievenbus
Poštni nabiralnik
tuin
Vrt

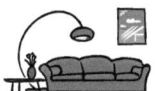

woonkamer
Dnevna soba

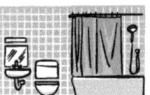

badkamer
Kopalnica

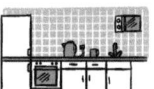

keuken
Kuhinja

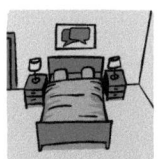

slaapkamer
Spalnica

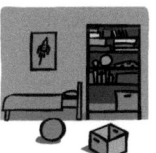

kinderkamer
Otroška soba

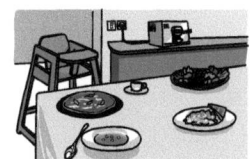

eetkamer
Jedilnica

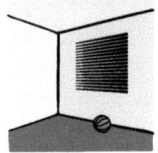

vloer

Tla

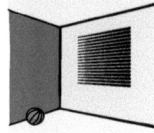

muur

Stena

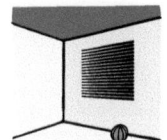

plafond

Strop

kelder

Klet

sauna

Savna

balkon

Balkon

terras

Terasa

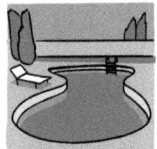

zwembad

Bazen

grasmaaier

Kosilnica

laken

Rjuha

bedsprei

Posteljno pregrinjalo

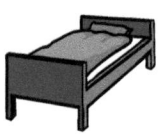

bed

Postelja

bezem

Metla

emmer

Vedro

schakelaar

Stikalo

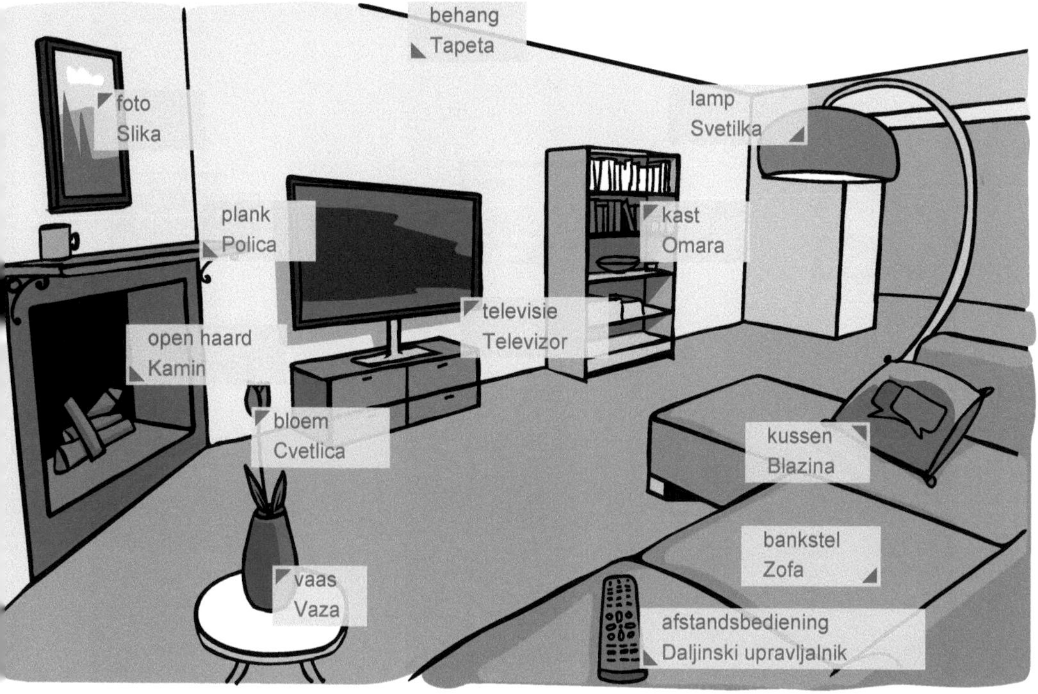

behang
Tapeta

foto
Slika

lamp
Svetilka

plank
Polica

kast
Omara

televisie
Televizor

open haard
Kamin

bloem
Cvetlica

kussen
Blazina

bankstel
Zofa

vaas
Vaza

afstandsbediening
Daljinski upravljalnik

tapijt

Preproga

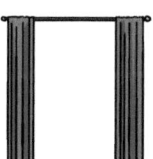

gordijn

Zavesa

tafel

Miza

stoel

Stol

schommelstoel

Gugalnik

stoel

Naslanjač

boek

Knjiga

deken

Odeja

decoratie

Dekoracija

brandhout

Drva

film

Film

stereo-installatie

Glasbeni stolp

sleutel

Ključ

krant

Časopis

schilderij

Slika

poster

Plakat

radio

Radio

kladblok

Beležka

stofzuiger

Sesalnik

cactus

Kaktus

kaars

Sveča

keuken
Kuhinja

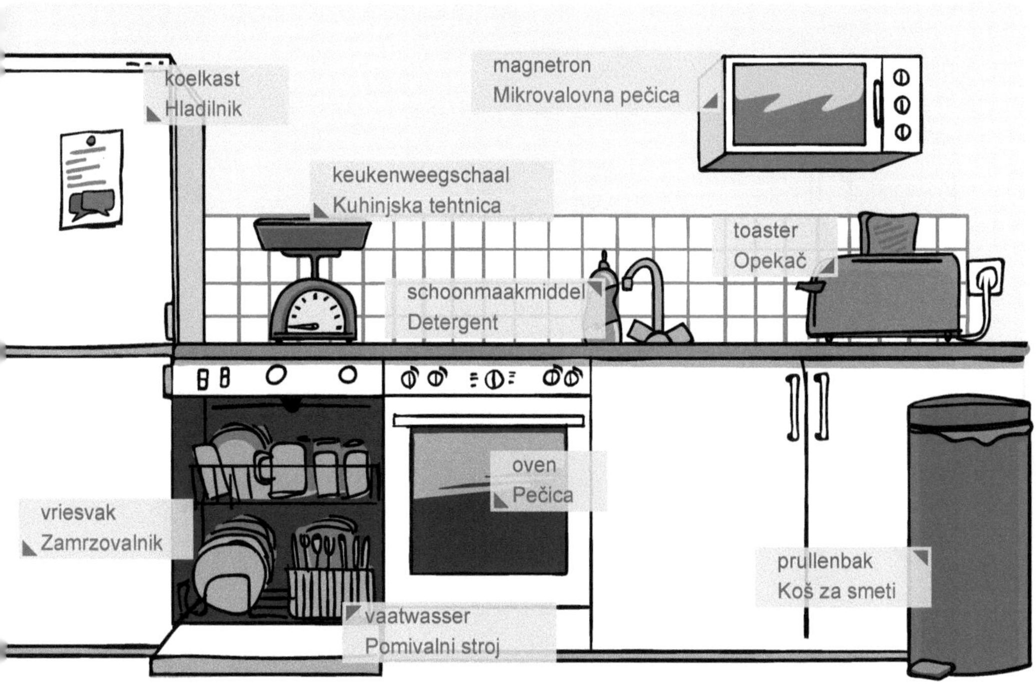
koelkast
Hladilnik
magnetron
Mikrovalovna pečica
keukenweegschaal
Kuhinjska tehtnica
toaster
Opekač
schoonmaakmiddel
Detergent
oven
Pečica
vriesvak
Zamrzovalnik
prullenbak
Koš za smeti
vaatwasser
Pomivalni stroj

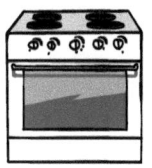

fornuis

Kozica

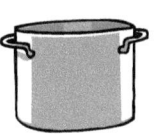

pan

Lonec

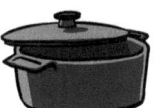

gietijzeren pan

Litoželezni lonec

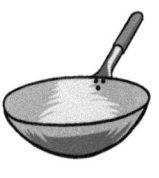

wok / kadai

Vok / kadai

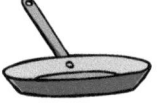

koekenpan

Ponev

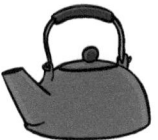

ketel

Kotliček

stoomkoker

Parni kuhalnik

bakplaat

Pekač

servies

Posoda

beker

Skodelica

kom

Skleda

eetstokjes

Jedilne paličice

soeplepel

Zajemalka

spatel

Lopatica

garde

Metlica

vergiet

Cedilnik

zeef

Cedilo

rasp

Strgalo

vijzel

Možnar

barbecue

Žar

vuurhaard

Ognjišče

snijplank

Deska za rezanje

deegroller

Valjar

kurkentrekker

Odpirač za steklenice

blik

Pločevinka

blikopener

Odpirač za konzerve

pannenlap

Prijemalka za posodo

wasbak

Korito

borstel

Ščetka

spons

Goba

blender

Mešalnik

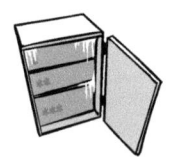

vriezer

Zamrzovalna skrinja

babyflesje

Steklenička

kraan

Pipa

badkamer
Kopalnica

douche
Prha
verwarming
Ogrevanje
handdoek
Brisača
douchegordijn
Zavesa za prho
bubbelbad
Peneča kopel
bad
Kopalna kad
glas
Kozarec
wasmachine
Pralni stroj
kraan
Pipa
tegels
Ploščice
potje
Kahlica
wasbak
Korito

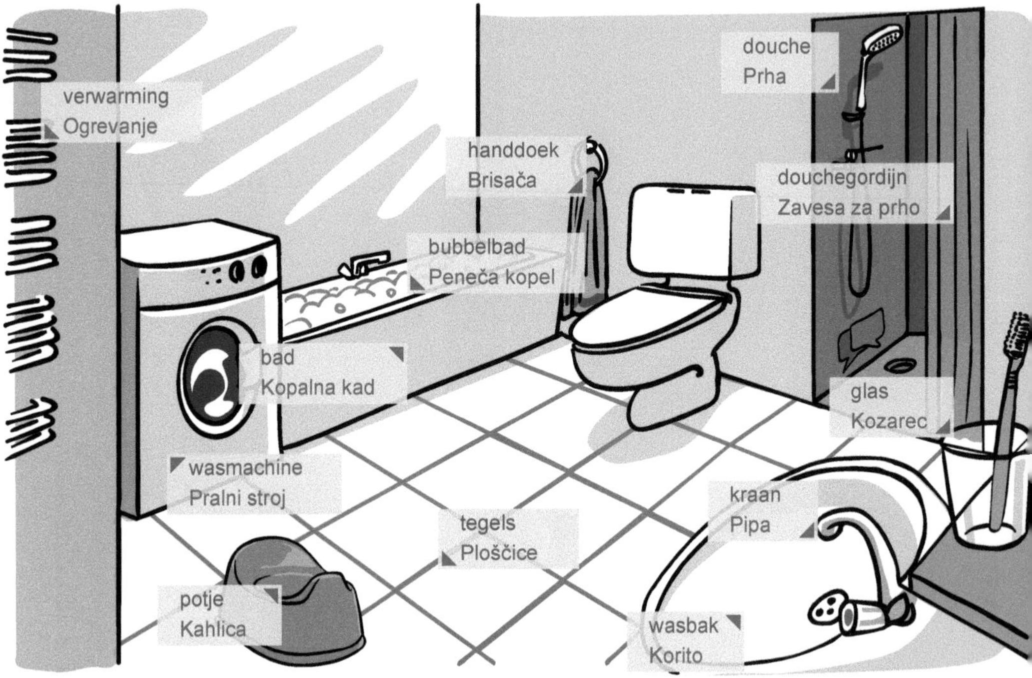

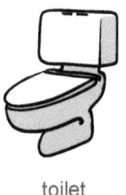

toilet

Stranišče

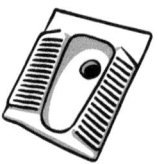

hurktoilet

Stranišče na počep

bidet

Bide

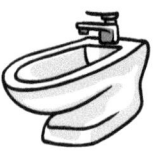

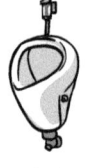

urinoir

Pisoar

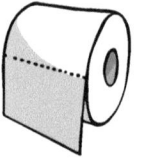

toiletpapier

Toaletni papir

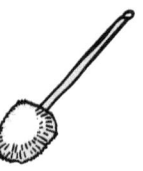

toiletborstel

Ščetka za straniščno školjko

tandenborstel

Zobna ščetka

tandpasta

Zobna pasta

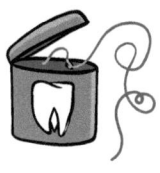

flosdraad

Zobna nitka

wassen

Umiti se

handdouche

Ročna prha

toiletdouche

Prha za intimne dele

waskom

Umivalnik

rugborstel

Krtača za hrbet

zeep

Milo

douchegel

Gel za prhanje

shampoo

Šampon

washanje

Krpica za miljenje

afvoer

Odtok

creme

Krema

deodorant

Deodorant

spiegel

Ogledalo

make-upspiegel

Ročno ogledalo

scheermes

Britvica

scheerschuim

Pena za britje

aftershave

Vodica po britju

kam

Glavnik

borstel

Ščetka

haardroger

Sušilnik za lase

haarspray

Lak za lase

make-up

Ličila

lippenstift

Šminka

nagellak

Lak za nohte

watten

Vatirane blazinice

nagelschaartje

Škarjice za nohte

parfum

Parfum

toilettas

Toaletna torbica

kruk

Stol brez naslonjala

weegschaal

Osebna tehtnica

badjas

Kopalni plašč

rubber handschoenen

Gumijaste rokavice

tampon

Tampon

maandverband

Damski vložki

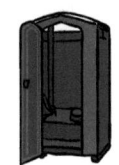

chemisch toilet

Kemično stranišče

kinderkamer
Otroška soba

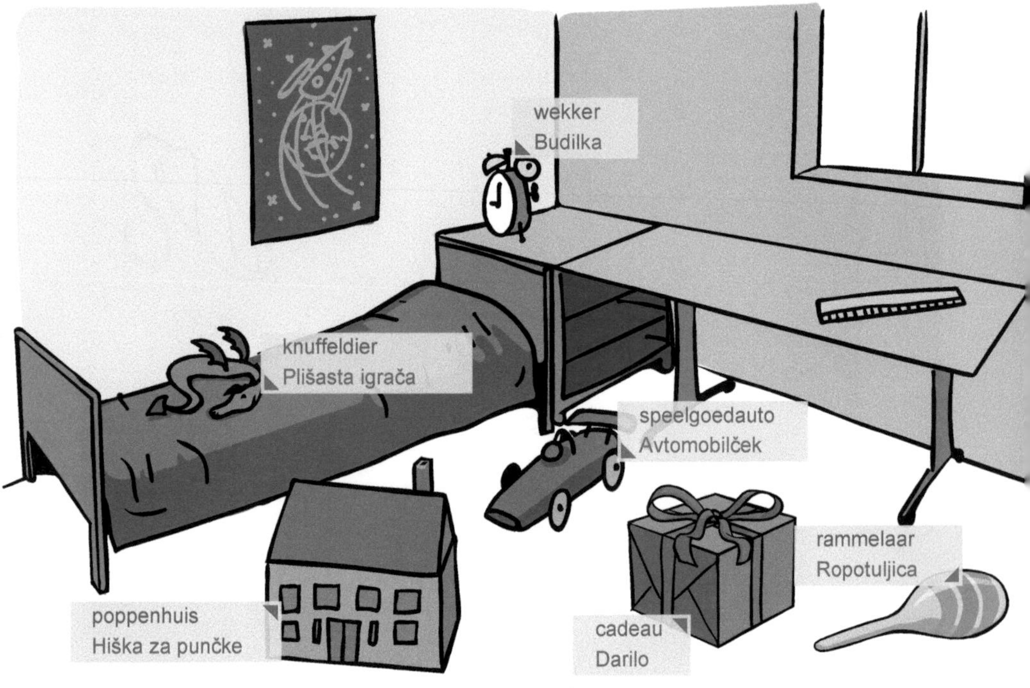

wekker
Budilka
knuffeldier
Plišasta igrača
speelgoedauto
Avtomobilček
rammelaar
Ropotuljica
poppenhuis
Hiška za punčke
cadeau
Darilo

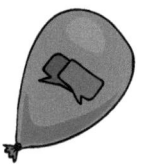

ballon

Balon

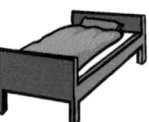

bed

Postelja

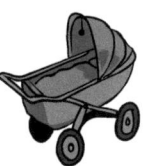

kinderwagen

Otroški voziček

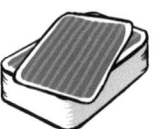

kaartspel

Igralne karte

puzzel

Sestavljanka

SUPER
MEGA

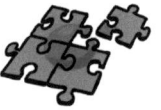

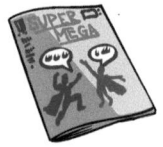

stripverhaal

Strip

legostenen

Lego kocke

speelgoedblokken

Igralne kocke

actiefiguurtje

Akcijska figura

romper

Bodi

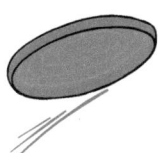

frisbee

Frizbi

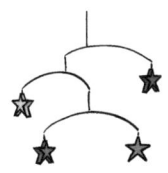

mobile

Vrtiljak za posteljico

bordspel

Namizna igra

dobbelsteen

Kocka

modeltrein

Komplet modelov vlakov

speen

Duda

feestje

Zabava

prentenboek

Slikanica

bal

Žoga

pop

Lutka

spelen

Igrati se

zandbak

Peskovnik

schommel

Gugalnica

speelgoed

Igrače

spelcomputer

Igralna konzola

driewieler

Tricikel

teddybeer

Plišasti medvedek

kleerkast

Garderoba

kleding

Oblačilo

sokken

Nogavice

kousen

Samostoječe nogavice

panty

Hlačne nogavice

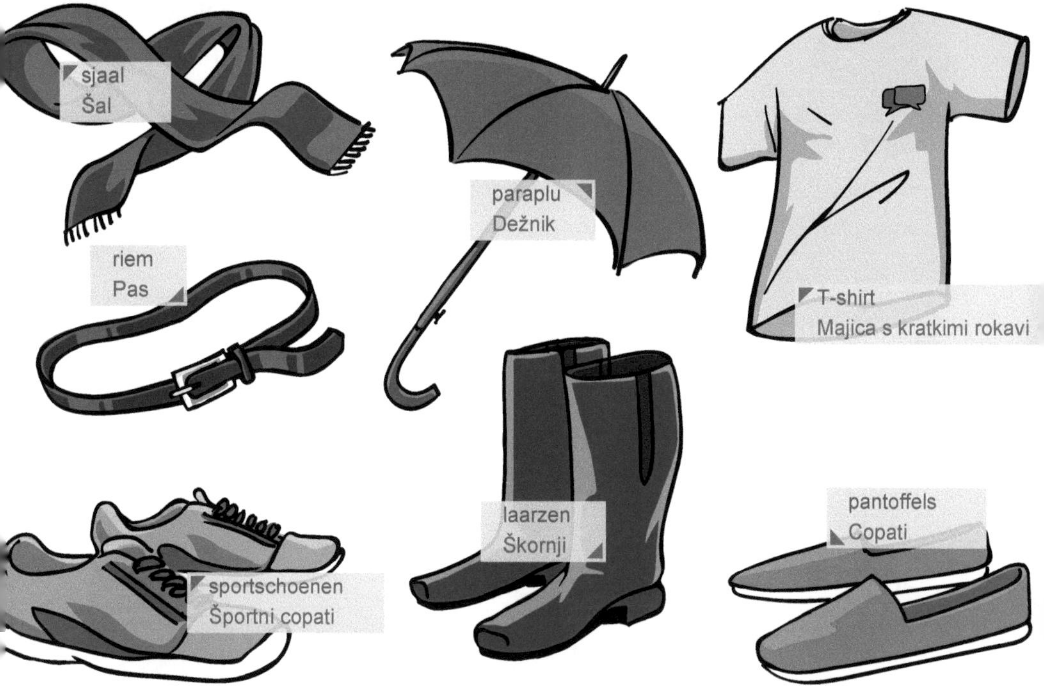

sjaal
Šal

riem
Pas

paraplu
Dežnik

T-shirt
Majica s kratkimi rokavi

sportschoenen
Športni copati

laarzen
Škornji

pantoffels
Copati

sandalen
·············
Sandali

schoenen
·············
Čevlji

rubberlaarzen
·············
Gumijasti škornji

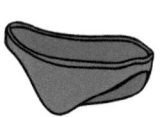

onderbroek
·············
Spodnje hlače

beha
·············
Modrček

onderhemd
·············
Telovnik

body
....
Bodi

broek
....
Hlače

spijkerbroek
....
Kavbojke

rok
....
Krilo

blouse
....
Bluza

overhemd
....
Srajca

trui
....
Pulover

hoody
....
Pletena jopica

blazer
....
Jopa

jas
....
Jakna

mantel
....
Plašč

regenjas
....
Dežni plašč

kostuum
....
Kostim

jurk
....
Obleka

trouwjurk
....
Poročna obleka

pak

Obleka

nachthemd

Spalna srajca

pyjama

Pižama

sari

Sari

hoofddoek

Naglavna ruta

tulband

Turban

boerka

Burka

kaftan

Kaftan

abaja

Abaja

zwempak

Kopalke

zwembroek

Kopalne hlače

korte broek

Kratke hlače

trainingspak

Trenirka

schort

Predpasnik

handschoenen

Rokavice

knoop

Gumb

bril

Očala

armband

Zapestnica

ketting

Verižica

ring

Prstan

oorbel

Uhan

pet

Kapa

kledinghanger

Obešalnik

hoed

Klobuk

stropdas

Kravata

rits

Zadrga

helm

Čelada

bretels

Naramnice

schooluniform

Šolska uniforma

uniform

Uniforma

slabbetje
Slinček

speen
Duda

luier
Plenica

kantoor
Pisarna

server
Strežnik

archiefkast
Kartotečna omara

printer
Tiskalnik

beeldscherm
Monitor

papier
Papir

bureau
Pisalna miza

muis
Miška

map
Mapa

toetsenbord
Tipkovnica

prullenmand
Koš za smeti

stoel
Stol

computer
Računalnik

koffiemok
Lonček za kavo

rekenmachine
Kalkulator

internet
Internet

laptop
Prenosnik

brief
Pismo

bericht
Sporočilo

mobiele telefoon
Mobilnik

netwerk
Omrežje

kopieermachine
Kopirni stroj

software
Programska oprema

telefoon
Telefon

stopcontact
Vtičnica

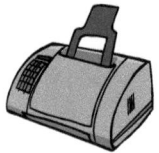

fax
Telefaks

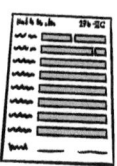

formulier
Obrazec

document
Dokument

kopen

Kupiti

betalen

Plačati

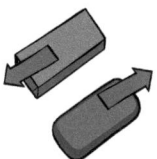

handel drijven

Trgovati

geld

Denar

USD

dollar

Dolar

EUR

euro

Evro

JPY

yen

Jen

RUB

roebel

Rubelj

CHF

Zwitserse frank

Švičarski frank

CNY

renminbi yuan

Kitajski juan renminbi

INR

roepie

Rupija

geldautomaat

Bankomat

wisselkantoor

Menjalnica

goud

Zlato

zilver

Srebro

olie

Nafta

energie

Energija

prijs

Cena

contract

Pogodba

belasting

Davek

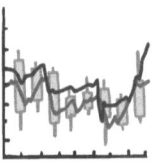

aandeel

Delnice

werken

Delati

werknemer

Delojemalec

werkgever

Delodajalec

fabriek

Tovarna

winkel

Trgovina

politieagent
Policist

brandweerman
Gasilec

kok
Kuhar

dokter
Zdravnik

piloot
Pilot

tuinman

Vrtnar

timmerman

Mizar

naaister

Šivilja

rechter

Sodnik

scheikundige

Kemik

toneelspeler

Igralec

buschauffeur

Voznik avtobusa

taxichauffeur

Taksist

visser

Ribič

schoonmaakster

Čistilka

dakdekker

Krovec

ober

Natakar

jager

Lovec

schilder

Pleskar

bakker

Pek

elektricien

Električar

bouwvakker

Gradbenik

ingenieur

Inženir

slager

Mesar

loodgieter

Vodovodni inštalater

postbode

Poštar

soldaat

Vojak

architect

Arhitekt

kassier

Blagajnik

bloemist

Cvetličar

kapper

Frizer

conducteur

Sprevodnik

monteur

Mehanik

kapitein

Kapitan

tandarts

Zobozdravnik

wetenschapper

Znanstvenik

rabbi

Rabin

imam

Imam

monnik

Menih

pastoor

Duhovnik

gereedschap
Orodje

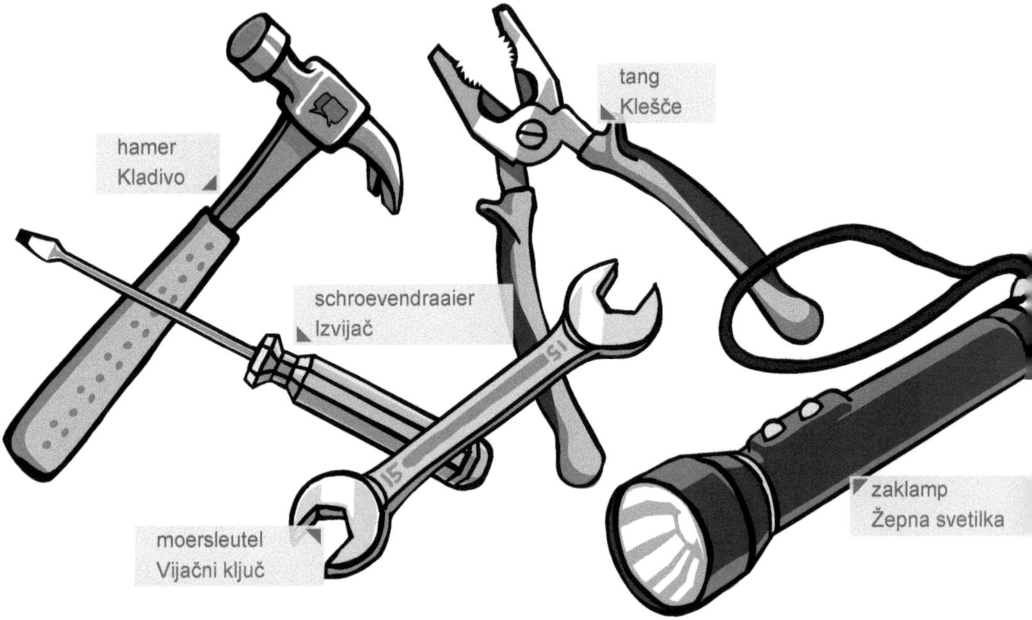

hamer
Kladivo
tang
Klešče
schroevendraaier
Izvijač
moersleutel
Vijačni ključ
zaklamp
Žepna svetilka

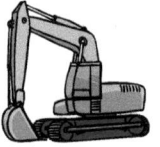

graafmachine

Bager

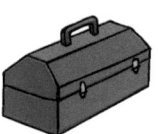

gereedschapskist

Zaboj z orodjem

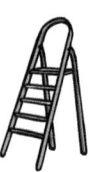

ladder

Lestev

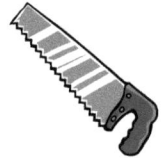

zaag

Žaga

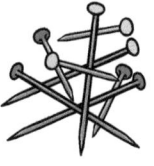

spijkers

Žeblji

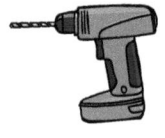

boor

Vrtalnik

repareren

Popraviti

schep

Lopata

Verdorie!

Šment!

stofblik

Smetišnica

verfpot

Posoda z barvo

schroeven

Vijaki

muziekinstrumenten
Glasbeni instrument

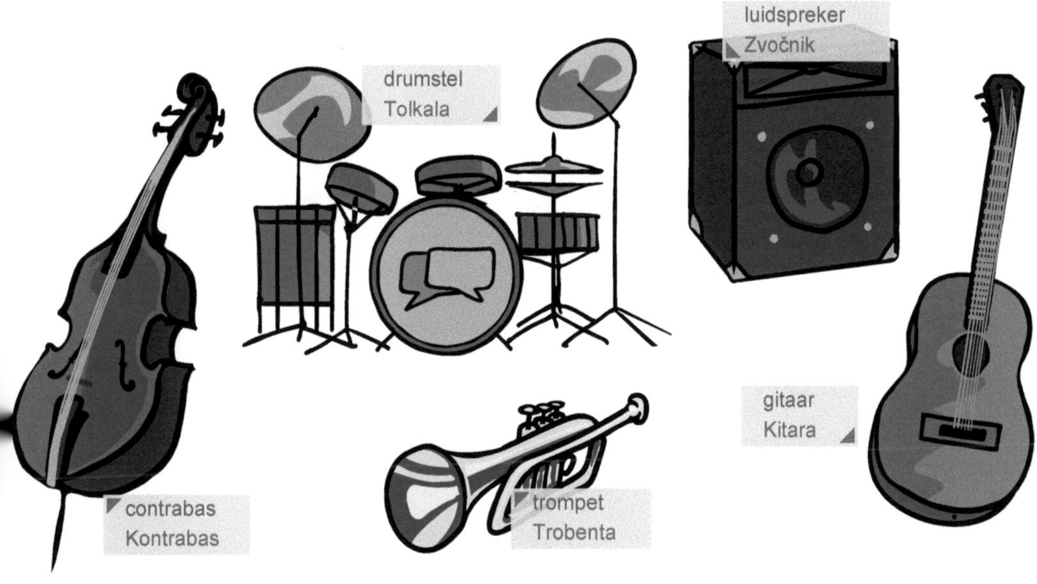

drumstel
Tolkala

luidspreker
Zvočnik

gitaar
Kitara

contrabas
Kontrabas

trompet
Trobenta

piano

Klavir

viool

Violina

bas

Bas kitara

pauk

Pavke

trommel

Bobni

keyboard

Sintetizator

saxofoon

Saksofon

fluit

Flavta

microfoon

Mikrofon

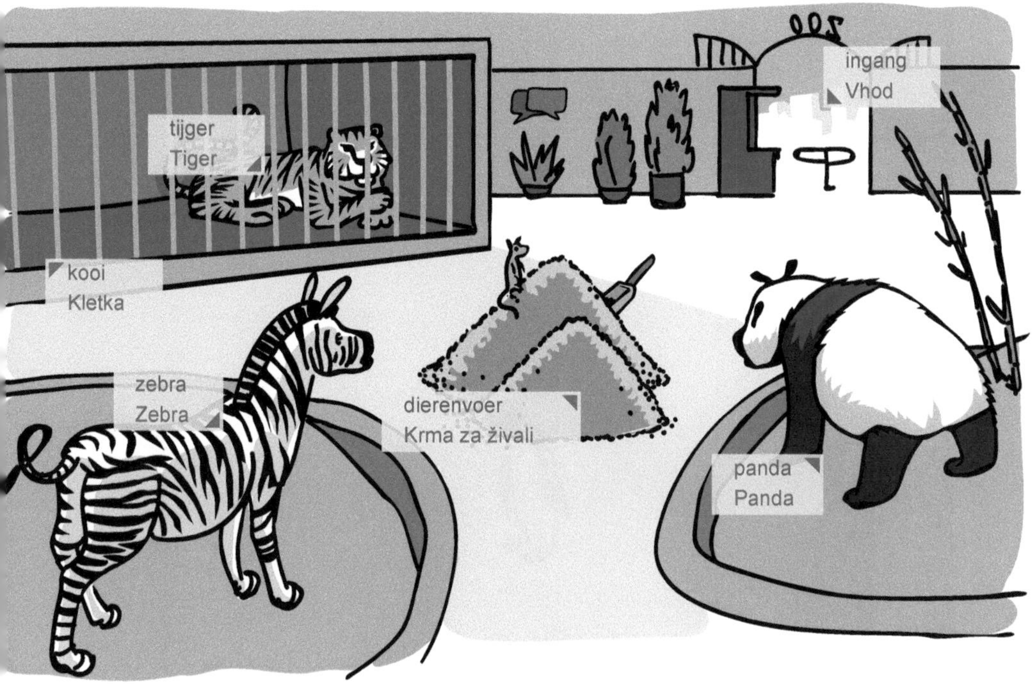

ingang
Vhod

tijger
Tiger

kooi
Kletka

zebra
Zebra

dierenvoer
Krma za živali

panda
Panda

dieren
....
Živali

olifant
....
Slon

kangoeroe
....
Kenguru

neushoorn
....
Nosorog

gorilla
....
Gorila

beer
....
Medved

kameel

Kamela

struisvogel

Noj

leeuw

Lev

aap

Opica

flamingo

Plamenec

papegaai

Papagaj

ijsbeer

Severni medved

pinguïn

Pingvin

haai

Morski pes

pauw

Pav

slang

Kača

krokodil

Krokodil

dierenverzorger

Oskrbnik v živalskem vrtu

zeehond

Tjulenj

jaguar

Jaguar

pony

Poni

luipaard

Leopard

nijlpaard

Povodni konj

giraffe

Žirafa

adelaar

Orel

wild zwijn

Divji prašič

vis

Riba

schildpad

Želva

walrus

Mrož

vos

Lisica

gazelle

Gazela

American football
Ameriški nogomet

wielrennen
Kolesarjenje

tennis
Tenis

basketbal
Košarka

zwemmen
Plavanje

boksen
Boks

ijshockey
Hokej

voetbal

Nogomet

badminton

Badminton

atletiek

Atletika

handbal

Rokomet

skiën

Smučanje

polo

Polo

springen
Skočiti

lachen
Smejati se

knuffelen
Objeti

lopen
Hoditi

zingen
Peti

dromen
Sanjati

bidden
Moliti

kussen
Poljubiti

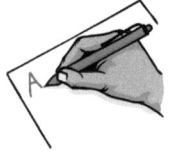

schrijven

Pisati

tekenen

Risati

tonen

Pokazati

duwen

Potisniti

geven

Dati

oppakken

Vzeti

hebben

Imeti

doen

Narediti

zijn

Biti

staan

Stati

rennen

Teči

trekken

Vleči

gooien

Vreči

vallen

Pasti

liggen

Ležati

wachten

Čakati

dragen

Nositi

zitten

Sedeti

aankleden

Obleči se

slapen

Spati

wakker worden

Zbuditi se

bekijken

Gledati

huilen

Jokati

strelen

Božati

kammen

Česati se

praten

Govoriti

begrijpen

Razumeti

vragen

Vprašati

horen

Poslušati

drinken

Piti

eten

Jesti

opruimen

Pospraviti

houden van

Ljubiti

koken

Kuhati

rijden

Voziti

vliegen

Leteti

zeilen

Jadrati

rekenen

Računanje

lezen

Brati

leren

Učiti se

werken

Delati

trouwen

Poročiti se

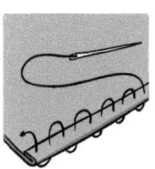

naaien

Šivati

tandenpoetsen

Ščetkati si zobe

doden

Ubiti

roken

Kaditi

verzenden

Poslati

grootmoeder
Stara mati

grootvader
Stari oče

vader
Oče

moeder
Mati

baby
Dojenček

dochter
Hči

zoon
Sin

gast
Gost

tante
Teta

oom
Stric

broer
Brat

zus
Sestra

lichaam

Telo

voorhoofd
Čelo
oog
Oko
schouder
Rama
vinger
Prst
gezicht
Obraz
kin
Brada
hand
Dlan
been
Noga
borst
Prsi
arm
Roka

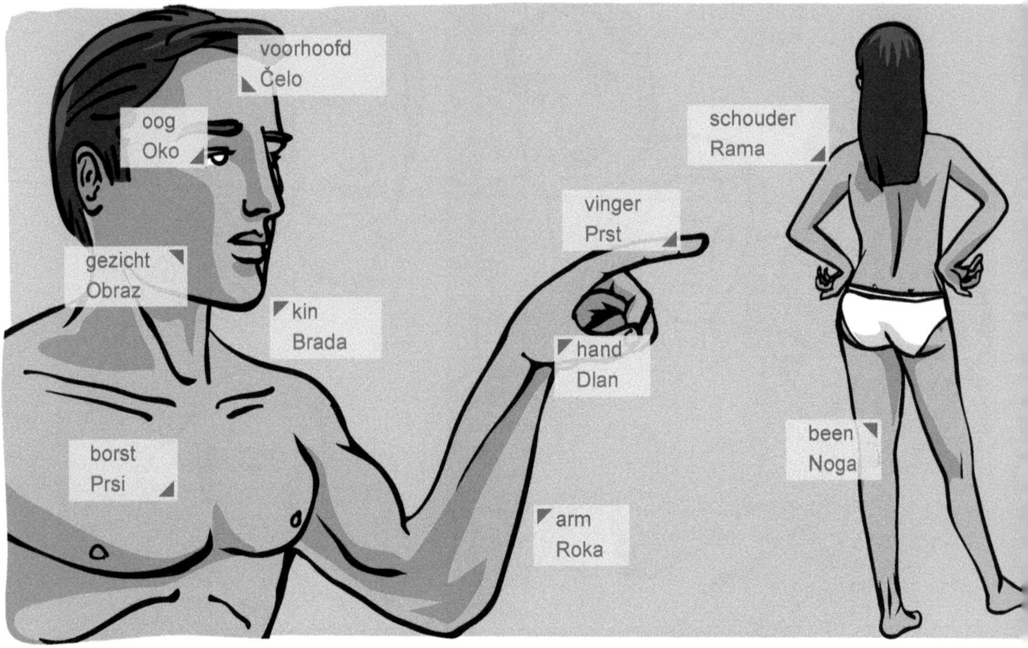

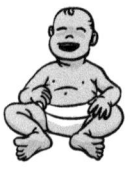

baby

Dojenček

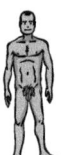

man

Človek

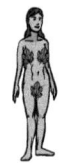

vrouw

Ženska

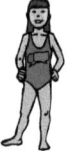

meisje

Dekle

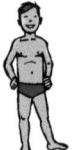

jongen

Fant

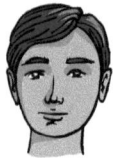

hoofd

Glava

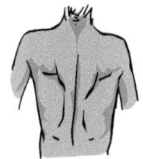

rug
Hrbet

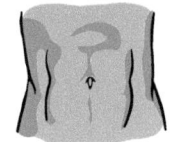

buik
Trebuh

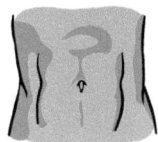

navel
Popek

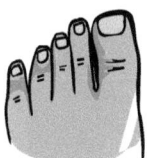

teen
Prst na nogi

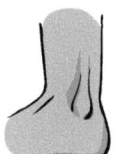

hiel
Peta

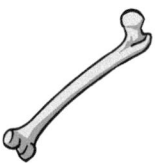

bot
Kost

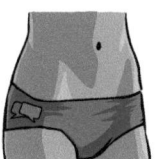

heup
Kolk

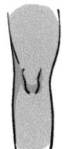

knie
Koleno

elleboog
Komolec

neus
Nos

achterwerk
Zadnjica

huid
Koža

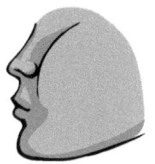

wang
Lice

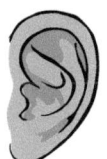

oor
Uho

lippen
Ustnica

mond

Usta

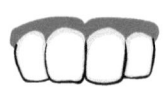

tand

Zob

tong

Jezik

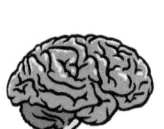

hersenen

Možgani

hart

Srce

spier

Mišica

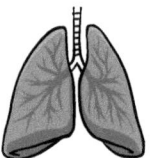

long

Pljuča

lever

Jetra

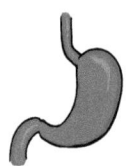

maag

Želodec

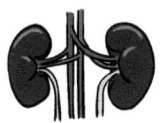

nieren

Ledvice

geslachtsgemeenschap

Spolni odnos

condoom

Kondom

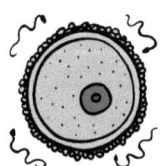

eicel

Jajčece

sperma

Semenska tekočina

zwangerschap

Nosečnost

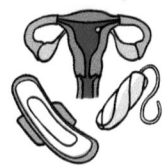

menstruatie

Menstruacija

vagina

Vagina

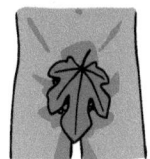

penis

Penis

wenkbrauw

Obrv

haar

Lasje

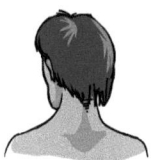

hals

Vrat

ziekenhuis
Bolnišnica

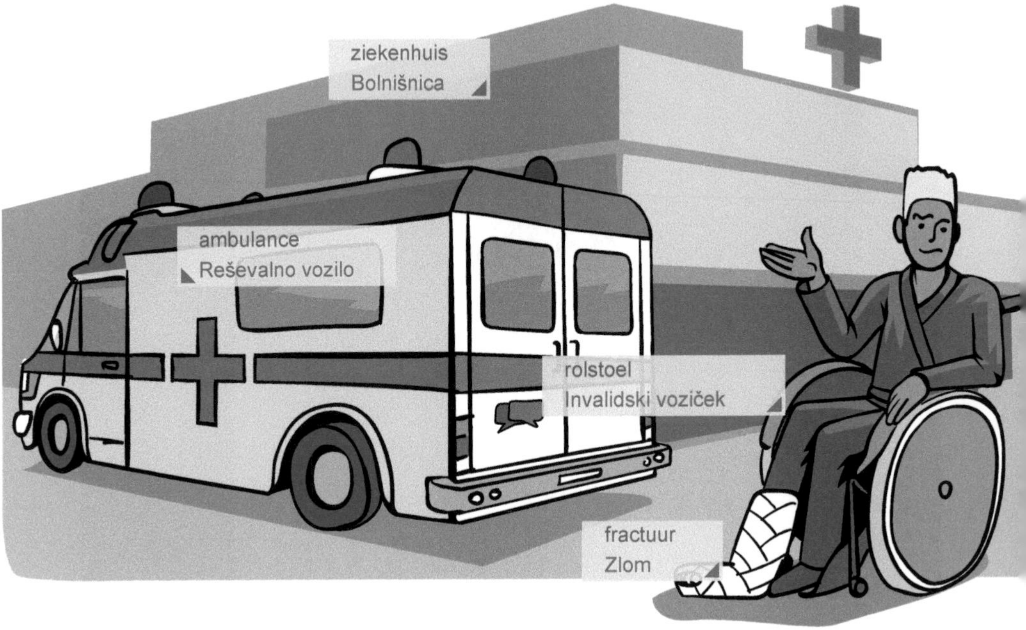

ziekenhuis
Bolnišnica
ambulance
Reševalno vozilo
rolstoel
Invalidski voziček
fractuur
Zlom

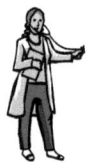

dokter

Zdravnik

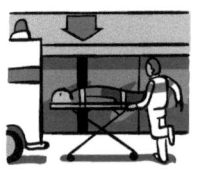

EHBO

Urgenca

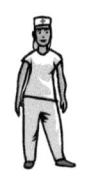

verpleegster

Medicinska sestra

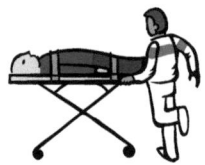

noodgeval

Nujni primer

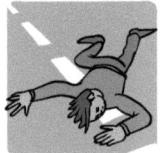

bewusteloos

Nezavesten

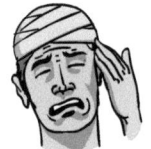

pijn

Bolečina

verwonding

Poškodba

bloeding

Krvavenje

hartaanval

Srčni infarkt

beroerte

Kap

allergie

Alergija

hoest

Kašelj

koorts

Vročina

griep

Gripa

diarree

Driska

hoofdpijn

Glavobol

kanker

Rak

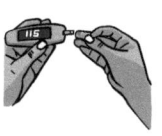

diabetes

Sladkorna bolezen

chirurg

Kirurg

scalpel

Skalpel

operatie

Operacija

CT
CT

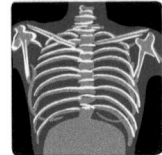

röntgen
Rentgen

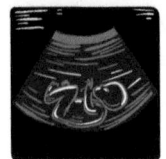

echografie
Ultrazvok

gezichtsmasker
Obrazna maska

ziekte
Bolezen

wachtkamer
Čakalnica

kruk
Bergla

pleister
Obliž

verband
Preveza

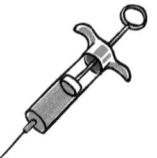

injectie
Injekcija

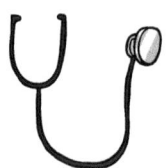

stethoscoop
Stetoskop

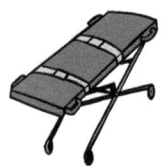

brancard
Nosila

thermometer
Klinični termometer

geboorte
Porod

overgewicht
Prekomerna teža

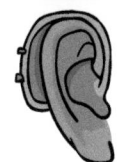

gehoorapparaat

Slušni pripomoček

ontsmettingsmiddel

Razkužilo

infectie

Okužba

virus

Virus

HIV / AIDS

HIV / AIDS

medicijn

Medicina

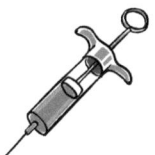

inenting

Cepljenje

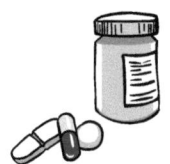

tabletten

Tablete

pil

Tableta

alarmnummer

Klic v sili

bloeddrukmeter

Merilnik krvnega tlaka

ziek / gezond

bolano / zdravo

Help!

Na pomoč!

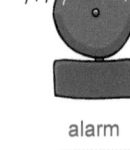

alarm

Alarm

overval

Napad

aanval

Napad

gevaar

Nevarnost

nooduitgang

Izhod v sili

Brand!

Gori!

brandblusser

Gasilni aparat

ongeluk

Nezgoda

EHBO-koffer

Komplet za prvo pomoč

SOS

SOS

politie

Policija

Europa
Evropa

Noord-Amerika
Severna Amerika

Zuid-Amerika
Južna Amerika

Afrika
Afrika

Azië
Azija

Australië
Avstralija

Atlantische Oceaan
Atlantski ocean

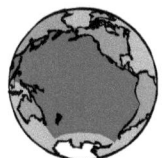

Stille Oceaan
Tihi ocean

Indische Oceaan
Indijski ocean

Zuidelijke Oceaan
Južni ocean

Noordelijke IJszee
Arktični ocean

Noordpool
Severni tečaj

Zuidpool

Južni tečaj

Antarctica

Antarktika

aarde

Zemlja

land

Kopno

zee

Morje

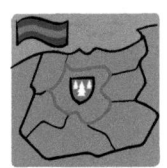

eiland

Otok

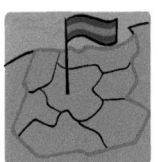

natie

Narod

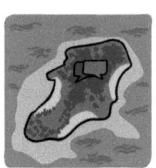

staat

Država

wijzerplaat

Števílčníca

uurwijzer

Urni kazalec

minutenwijzer

Minutni kazalec

secondewijzer

Sekundni kazalec

Hoe laat is het?

Koliko je ura?

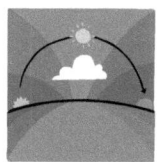

dag

Dan

tijd

Čas

nu

Zdaj

digitaal horloge

Digitalna ura

minuut

Minuta

uur

Ura

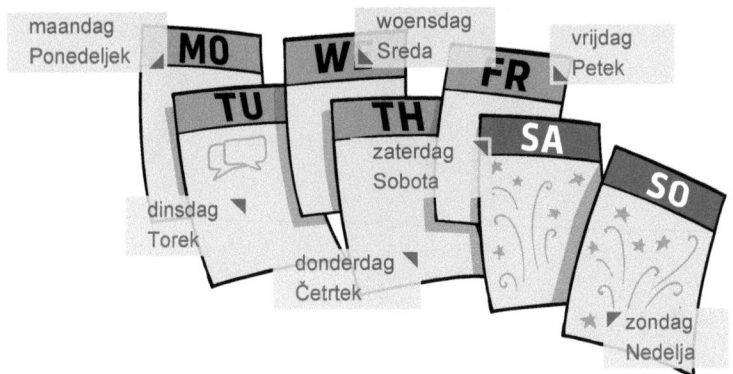

maandag / Ponedeljek
woensdag / Sreda
vrijdag / Petek
dinsdag / Torek
zaterdag / Sobota
donderdag / Četrtek
zondag / Nedelja

gisteren

Včeraj

vandaag

Danes

morgen

Jutri

ochtend

Jutro

middag

Poldne

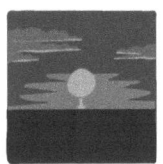

avond

Večer

werkdagen

Delovni dnevi

weekend

Konec tedna

jaar

Leto

regen
Dež
regenboog
Mavrica
wind
Veter
sneeuw
Sneg
voorjaar
Pomlad
herfst
Jesen
zomer
Poletje
winter
Zima

4.APRIL 11°
5.APRIL 4°
6.APRIL 13°
7.APRIL 8°
8.APRIL 10°

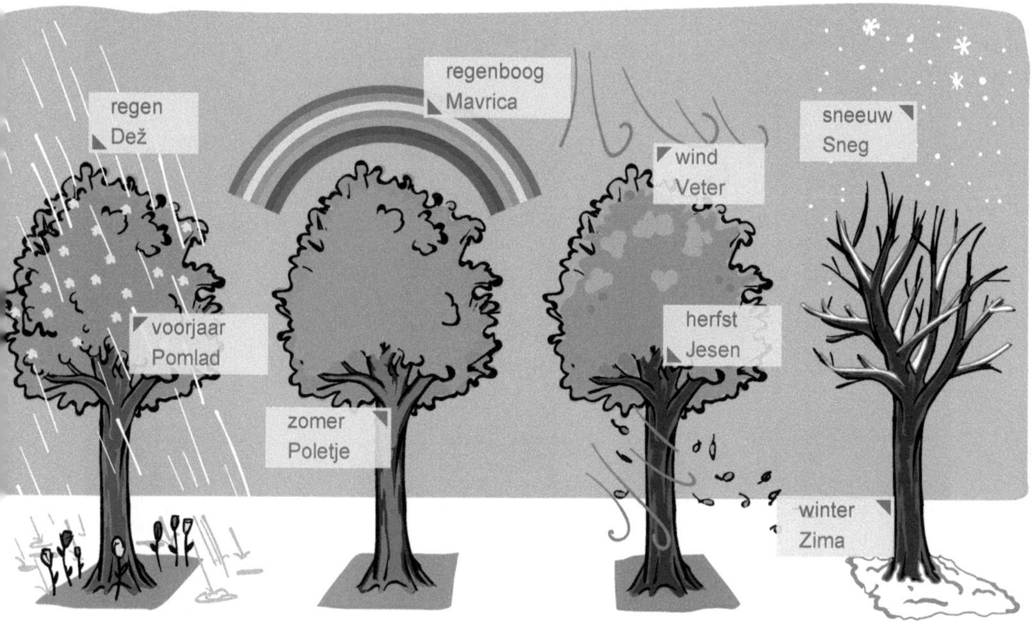

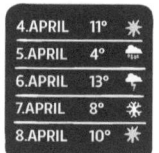

weerbericht

Vremenska napoved

F C
120 40
90 30
60 20
30 10
0 0
-30 -10
-20

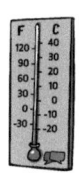

thermometer

Termometer

zonneschijn

Sončna svetloba

wolk

Oblak

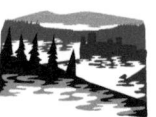

mist

Megla

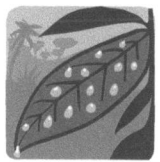

luchtvochtigheid

Vlažnost

bliksem

Strela

donder

Grom

storm

Nevihta

hagel

Toča

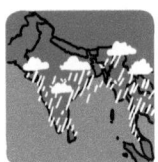

moesson

Monsun

overstroming

Poplava

ijs

Led

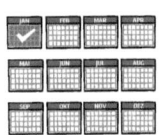

januari

Januar

februari

Februar

maart

Marec

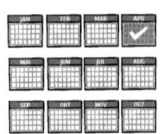

april

April

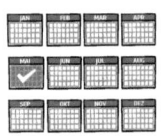

mei

Maj

juni

Junij

juli

Julij

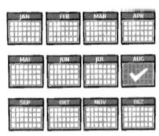

augustus

Avgust

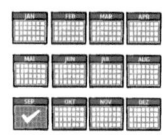

september
....
September

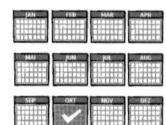

oktober
....
Oktober

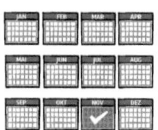

november
....
November

december
....
December

vormen
Oblike

cirkel
....
Krogla

vierkant
....
Kvadrat

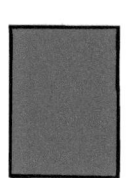

rechthoek
....
Pravokotnik

driehoek
....
Trikotnik

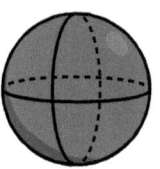

bol
....
Krogla

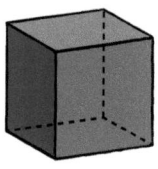

kubus
....
Kocka

wit
....
Bela

geel
....
Rumena

oranje
....
Oranžna

roze
....
Rožnata

rood
....
Rdeča

paars
....
Vijolična

blauw
....
Modra

groen
....
Zelena

bruin
....
Rjava

grijs
....
Siva

zwart
....
Črna

veel / weinig

veliko / malo

boos / rustig

jezno / umirjeno

mooi / lelijk

lepo / grdo

begin / einde

začetek / konec

groot / klein

veliko / majhno

licht / donker

svetlo / temno

broer / zus

brat / sestra

schoon / vies

čisto / umazano

volledig / onvolledig

popolno / nepopolno

dag/ nacht

dan / noč

dood / levend

mrtvo / živo

breed / smal

široko / ozko

eetbaar / oneetbaar

užitno / neužitno

gemeen / aardig

zlobno / prijazno

opgewonden / verveeld

vznemirjeno / zdolgočaseno

dik / dun

debelo / vitko

eerste / laatste

prvo / zadnje

vriend / vijand

prijatelj / sovražnik

vol / leeg

polno / prazno

hard / zacht

trdo / mehko

zwaar / licht

težko / lahko

honger / dorst

lakota / žeja

ziek / gezond

bolano / zdravo

illegaal / legaal

nezakonito / zakonito

intelligent / dom

pametno / neumno

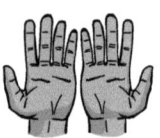

links / rechts

levo / desno

dichtbij / ver

blizu / daleč

nieuw / gebruikt

novo / rabljeno

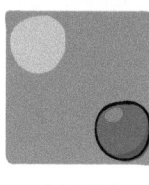

niets / iets

nič / nekaj

oud / jong

staro / mlado

aan / uit

vklopljeno / izklopljeno

open / gesloten

odprto / zaprto

zacht / luid

tiho / glasno

rijk / arm

bogato / revno

goed / fout

prav / narobe

ruw / glad

grobo / gladko

verdrietig / gelukkig

žalostno / veselo

kort / lang

kratko / dolgo

langzaam / snel

počasi / hitro

nat / droog

mokro / suho

warm / koel

toplo / hladno

oorlog / vrede

vojna / mir

0	**1**	**2**
nul	één	twee
Ničla	Ena	Dva

3	**4**	**5**
drie	vier	vijf
Tri	Štiri	Pet

6	**7**	**8**
zes	zeven	acht
Šest	Sedem	Osem

9	**10**	**11**
negen	tien	elf
Devet	Deset	Enajst

12

twaalf

Dvanajst

13

dertien

Trinajst

14

veertien

Štirinajst

15

vijftien

Petnajst

16

zestien

Šestnajst

17

zeventien

Sedemnajst

18

achttien

Osemnajst

19

negentien

Devetnajst

20

twintig

Dvajset

100

honderd

Sto

1.000

duizend

Tisoč

1.000.000

miljoen

Milijon

Engels

Angleščina

Amerikaans Engels

Ameriška angleščina

Chinees Mandarijn

Mandarinščina

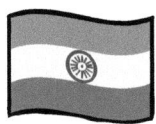

Hindi

Hindujščina

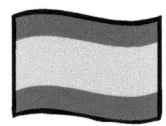

Spaans

Španščina

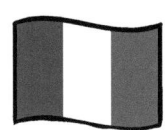

Frans

Francoščina

Arabisch

Arabščina

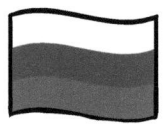

Russisch

Ruščina

Portugees

Portugalščina

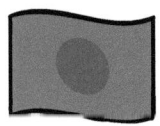

Bengalees

Bengalščina

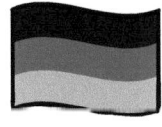

Duits

Nemščina

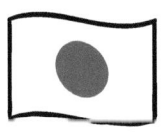

Japans

Japonščina

ik
Jaz

jij
Ti

hij / zij / het
On / ona / tisto

wij
Mi

jullie
Vi

zij
Oni

wie?
Kdo?

wat?
Kaj?

hoe?
Kako?

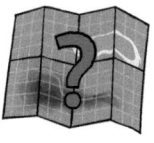

waar?
Kje?

wanneer?
Kdaj?

naam
Ime

achter

Zadaj

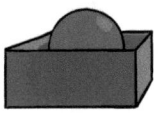

in

V

voor

Pred

boven

Nad

op

Na

onder

Pod

naast

Poleg

tussen

Med

plaats

Kraj